唱一唱《英文字母歌》和《汉语拼音字母歌》，你就明白啦!

是英文字母表，也是汉语拼音字母表，但是读法不一样哦!

万能解码表

A	B	C	D	E	F	G	H	I	J	K	L	M	N	O	P	Q	R	S	T	U	V	W	X	Y
1	2	3	4	5	6	7	8	9	10	11	12	13	14	15	16	17	18	19	20	21	22	23	24	25

SHERLOCK HOLMES

少年大侦探·福尔摩斯探案笔记

摩天轮惊魂

Textes : Sandra Lebrun
Illustrations : Loïc Méhée
［法］桑德哈 · 勒布伦 编
［法］洛伊克 · 梅黑 绘
邱秋卡 译

深圳出版社

内容导航

任务说明 …………………………………… 见第3页

第一章

调查游乐区 …………………………………… 见第4—12页

第二章

搜查商业街 …………………………………… 见第13—22页

第三章

城堡探秘 …………………………………… 见第23—32页

第四章

巡游表演 …………………………………… 见第33—42页

真相大白

谁关掉了摩天轮? …………………………………… 见第43页

答案 …………………………………… 见第44—47页

人物介绍

夏洛克·福尔摩斯
私家侦探

华生医生
福尔摩斯永远的朋友

悠悠
福尔摩斯的侦探犬

任务说明

摩天轮惊魂

游乐园经理慌慌张张地请来福尔摩斯和华生，有一个巨大的谜团正等着侦探们！

真是太可怕了！摩天轮竟然停在了半空中，游客们被困在座舱里无法脱身。工作人员没办法让摩天轮恢复运转，因为控制室的钥匙不见了……必须尽快找到幕后黑手。

福尔摩斯着手展开调查，但他还需要你的帮助。快来加入侦探小组，跟随福尔摩斯一起前往游乐园寻找真相。

这次调查分为三个阶段：

1. 在每章中，你要破解**7~8个谜题**，每解开1个谜题就能得到1条**信息**。
2. 把得到的信息**汇集**到每章的最后一页上，并根据提示推导出1条**重要线索**。
3. 汇总从每章中获得的重要线索，利用**排除法**，在**“真相大白”**页（第43页）进行推理分析，找到幕后黑手。

* 注意，本书的前衬页上有万能解码表，必要的时候可助你一臂之力。

准备好了吗？赶快翻到下一页吧！
福尔摩斯正等着你！

调查游乐区

谜题1

福尔摩斯和华生正在认真听游乐园经理告诉他们第一条信息。

借助前衬页上的万能解码表，将对话框中的拼音字母分别替换为在汉语拼音字母表中的后一位字母（例如，Z 替换为 A，A 替换为 B），再加上声调，看看经理说了什么。

收银员没有
XZMF FNT。
信息1
把经理说的话写下来：
根据这条信息，你可以排除
第12页上的一句证词。

答案见
第44页

谜题2

在经理的建议下，福尔摩斯和华生来到过山车的检票口调查，检票员向侦探们提供了一条信息。

请把对话框里的字排列成一个句子，第一个词是“吉祥物”，看看检票员说了什么。

看 吉 祥 别
物 不 人
到 的 脚 。
信息2
把检票员说的话写下来：
根据这条信息，你可以排除第12页上的一句证词。

答案见第44页

谜题3

侦探们来到了旋转咖啡杯前。这次，游客们提供了一条很重要的信息。

把咖啡杯上的拼音字母写在对应的气球上，再加上声调，就能组成一个词语。把这个词语填在对话框的横线上，看看能得到什么信息。

我们看见他了，他没有戴___ ___。
I
M
J
U
N
A
信息3
把游客说的话写下来：
根据这条信息，你可以排除第12页上的一句证词。

答案见第44页

谜题4

悠悠注意到水晶迷宫的地板上有很多写着字的圆形纸片，这肯定是某个不愿暴露身份的人留给侦探们的线索。悠悠要小心翼翼地穿过迷宫，以免碰上对方。

快帮悠悠安全地走出迷宫，并按顺序记下沿路遇到的字，拼凑出神秘人留下的信息。

是
们
有
他
独
不
帽
子
她
自
一
没
也
去
个
门
外
的
人
信息4
把你找到的5个字写下来：
根据这条信息，你可以排除第12页上的一句证词。

答案见第44页

谜题5

华生想到一个新问题，打算回去问经理。恰巧此时经理正在旋转飞椅上。

把 A、B、C 三个对话框中的字依次交错组合起来，就能知道经理说了什么。（提示：前三个字是“米奇在”。）

答案见
第44页

谜题6

只有福尔摩斯敢坐幽灵列车进鬼屋调查。果然，他在鬼屋的装饰中发现了秘密：蜘蛛网上藏着一条信息！

按箭头指示的方向，从中心出发，走完整个蜘蛛网，把遇到的拼音字母按顺序写下来，再加上声调，就能得到完整的信息。记得要避开蜘蛛网上的各种动物。

信息6

把你找到的句子写下来：

根据这条信息，你可以排除第12页上的一句证词。

答案见第44页

谜题7

悠悠在章鱼转盘附近找到了福尔摩斯和华生。游乐园老板有一条信息要告诉侦探们。为了不让别人听到他们的谈话，老板带侦探们坐上了章鱼转盘。

借助前衬页上的万能解码表，将对话框中的数字换成对应的拼音字母（例如，20 对应 T），再加上声调，看看老板想要告诉侦探们什么信息。

信息7

把老板说的话写下来：

根据这条信息，你可以排除第12页上的一句证词。

答案见第44页

调查游乐区　第1条线索

吉祥物米奇一整天都在游乐园里走来走去，他向福尔摩斯提供了 8 条信息，但是有些地方前后矛盾……

根据谜题 1～7 中所有证人给出的信息，利用排除法，画掉米奇提供的错误信息，剩下的就是帮助你继续调查的第 1 条线索。

收银员的狗在这儿。

我觉得他戴了面具。

他们有两个人。

他的脚很大。

嗝……是一个女人，嗝……

他比我高很多。

我听见他唱歌了。

我看见了一个男人。

线索1

写下正确的线索：

答案见第44页

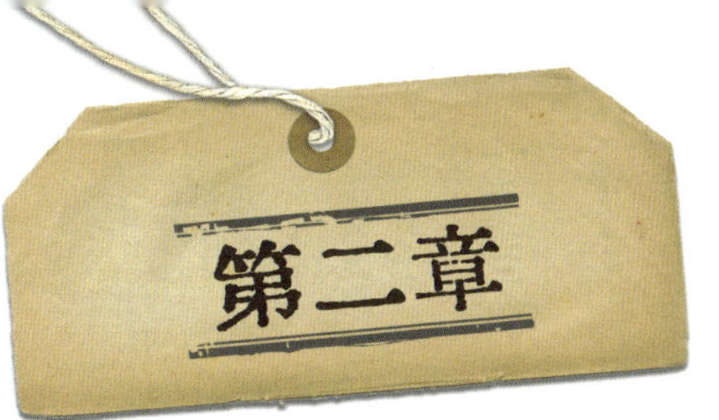

第二章

搜查商业街

谜题8

调查完游乐区，侦探们来到商业街搜集线索。纪念品商店的售货员最先给侦探们提供了信息。

将售货员说的话从最后一个字开始向前读，就能理解她的意思了。

。理经副的厅餐问问去以可们你
信息8
把售货员说的话写下来：
将这句话填在第22页的笔记本上。

答案见第45页

谜题9

侦探们随后来到商店的服装区，华生询问店员有没有看到什么。店员指着广告牌说……

把左右两块广告牌上的字依次交错组合起来，就能知道店员说了什么。

问戴帽
的偶货。
问红子
玩售员
信息9
把店员说的话写下来：
将这句话填在第22页的笔记本上。

答案见第45页

谜题10

准备离开纪念品商店的时候，福尔摩斯注意到一位女店员可能有信息要提供。她递给福尔摩斯一张明信片……准确地说，这是一张被撕碎的明信片。

把这些碎片按正确的顺序拼接起来，看看能获得什么信息。

这就是乐园里最著名的游戏项目。
迎
你
园
乐
之
眼
欢
信息10
拼好明信片后，把你找到的信息写下来：
将这句话填在第22页的笔记本上。

答案见第45页

谜题11

侦探们来到餐厅，恰巧是餐厅副经理接待了他们。副经理边说边把一张菜单递给侦探们，可这张菜单太奇怪了，上面有好几个黑色的箭头。

将菜单里 9 个箭头所指方向上的字全部画掉（例如，左上角箭头指向的 6 个绿色方框中的字都应画掉），剩下 11 个方框中的字能连成一句话。

答案见第45页

谜题12

太幸运了，煎饼铺就在餐厅旁边。显然，煎饼铺老板知道侦探们要过来，所以提前准备了能帮助他们调查的问卷。

把每个问题的正确答案前的英文字母按顺序写下来，看看能拼出哪个英语单词。

答案见第45页

谜题13

离开煎饼铺之后，悠悠迎面撞上了一个戴红帽子的玩偶售货员。福尔摩斯想起在商店的服装区，有位店员曾提到过这个人，于是便向他询问案发时的情况。

借助前衬页上的万能解码表，将对话框中的数字换成对应的拼音字母（例如，23 对应 w），再加上声调，看看玩偶售货员说了什么。

案发时我并不在那儿。
23-15 26-8-5-14-7 13-1-14-7 26-8-5
26-8-1-15 13-15 10-9-14-7。

信息13

把售货员说的第二句话写下来：

将这句话填在第22页的笔记本上。

答案见第45页

谜题14

目前找到的信息对案件的调查并没有什么大的帮助，福尔摩斯不由得沮丧起来。幸运的是，他想到了煎饼铺老板在问卷里提到的海报……

请你在笔记本上不同颜色的方格里填上海报上对应颜色的英文字母，找出海报里的隐藏信息。

答案见第45页

谜题15

华生觉得这条信息很有用。在离开商业街之前，侦探们来到冷饮店，想看看这里是否有线索。

将下图中的数字按 1～88 的顺序连起来，看看能得到什么图案，这就是冷饮店老板提供的信息。

信息15
把你得到的图案写下来：
那座
将这个词组填在第22页的笔记本上。

答案见
第45页

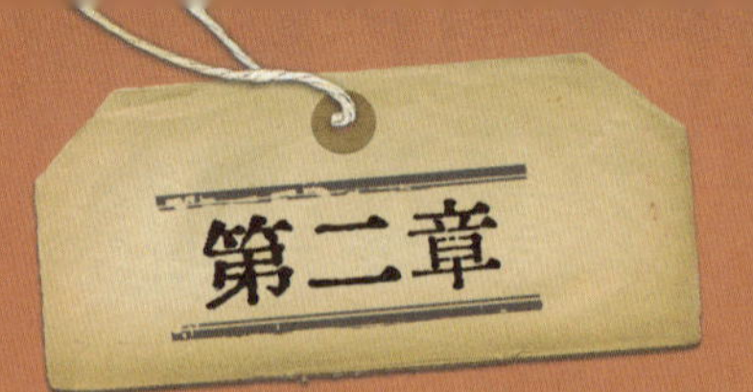

搜查商业街 第2条线索

太棒了！调查总算有所进展，福尔摩斯十分开心。他把收集到的所有信息都写在笔记本上，但愿能从中找到新的线索。

将从谜题 8～15 中获得的信息填在下面的笔记本上对应序号的方格里。黄色方格中的字能组成一句话，这就是进行下一步调查的重要线索！

15
11
14
9
12
8
10
13

线索2

写下黄色方格里的线索：

答案见第45页

城堡探秘

谜题16

华生正欣赏着游乐园的城堡，福尔摩斯突然想起来，游乐园经理还没有把员工通道的进门密码告诉他们。

快来帮福尔摩斯完成下面的数独。注意啦，数字 1～9 必须出现在每一行、每一列以及每个九宫格中，且不能重复。密码就藏在黄色方格里。

信息16
把黄色方格里的数字按从上到下的顺序写下来：
将第32页上这3个数字所在的方格涂黑。

6		4	3	1			8	7
3		8	6		5	4		2
	2	1		7	8	9	6	
		7		8		1	2	
1	5	9	2		7	3		8
8	3		9	4	1		7	5
2		6	1	5	9	7		4
	1	3		2		8	5	6
7	4		8	3	6		9	

答案见
第46页

谜题17

华生透过窗户向外看，发现游客可以在城堡四周的护城河上乘船游玩。为了不遗漏任何细节，他在笔记本上记下了所有船的位置。

将下图中 4 艘船放置在网格图中。数字代表所在行或列应该放置的船所占的方格数（例如，数字 0 所在的行和列都不能出现船）。注意，所有船不能首尾接触，更不能交叉或者在对角线上。

答案见第46页

谜题18

悠悠正在搜查服装箱。与此同时，福尔摩斯仔细观察旁边的两套盔甲。这两套盔甲似乎被人动过……

找一找，这两套盔甲有几处不同。

信息18

总共有几处不同？

将第32页上这个数字所在的方格涂黑。

答案见
第46页

谜题19

下一个要搜查的房间就在前面，不过侦探们得先爬上一段楼梯。他们注意到，台阶上写了一些数字……显然，有人想用这种方式给他们传递信息。

快帮华生解开这个算术谜题！记住，下层相邻两个台阶上的数字之和就是其上方台阶上的数字。

13
3
7
1
2
3
4
信息19
把最顶层台阶上的数字写下来：
将第32页上这个数字所在的方格涂黑。

答案见第46页

谜题20

楼梯通向一个装饰着彩色玻璃的华丽长廊。福尔摩斯和华生拿出放大镜欣赏着彩色玻璃，一个细节吸引了他们的注意……

仔细观察下图，找出彩色玻璃上隐藏的 8 个英文字母，这 8 个英文字母可以组成一个代表数字的英文单词，你能拼出来吗？

信息20

提示：这个数字大于 10 且小于 15。请把它写下来。

将第32页上这个数字所在的方格涂黑。

答案见第46页

谜题21

侦探们小跑着穿过长廊，希望能追到在台阶上留下线索的人。路过警卫室时，工作人员告诉福尔摩斯，可以在这里体验弩箭射击，说不定能发现什么线索。

帮福尔摩斯把 2 支箭射入不同颜色的区域。注意，每个区域只能射入 1 支箭，任意 2 支箭不能射在相邻的区域。

20
1
18
4
13
6
10
15
2
17
3
19
7
16
8
11
14
9
12
5
有个人刚刚离开，他把箭射在了14号区域。让3支箭所射中区域的数字总和等于30，你就能获得线索。

信息21

把 2 个正确区域对应的数字写下来：

将第32页上这2个数字所在的方格涂黑。

答案见第46页

谜题22

悠悠听到了奇怪的响声！侦探们迅速冲进隔壁的房间，发现所有的长矛都被人推倒了……

要按什么样的顺序拿起长矛，才能保证每支长矛只被移动一次呢？快来帮侦探们拿起长矛，并记下正确的顺序。

6
3
5
8
1
2
4
7
信息22
拿起长矛的顺序是：
第 6 支被拿起的长矛的序号是多少？
将第32页上这个数字所在的方格涂黑。

答案见第46页

谜题23

推倒长矛的人在逃跑时不小心撞翻了一罐油漆。地上到处都是鞋印，看起来像是要把侦探们引向某个重要的地方……

仔细观察地上的痕迹，数一数，总共有多少种不同形状的鞋印？

信息23

地上总共有多少种不同形状的鞋印？

将第32页上这个数字所在的方格涂黑。

答案见
第46页

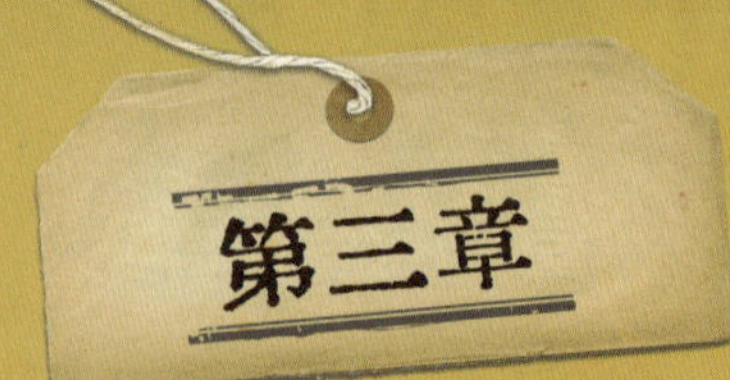

第三章 城堡探秘

第3条线索

游乐园经理收到了一封加密的匿名信，但他看不懂。福尔摩斯和华生知道，依据他们在城堡里做的笔记，就能破解信里的内容……

根据从谜题 16～23 中获得的信息，将下图中对应数字的方格涂黑。剩下的 8 个字可以连成一句话，这就是第 3 条线索。

3 好	6 甜	1 风	43 山	5 美	43 天	9 你	3 套	13 服	6 有	13 胡	12 镜	4 裤	2 辣	7 的	41 那	9 没	5 有	7 他
12 是	9 不	4 气	43 阳	2 手	29 个	7 一	5 小	3 冰	13 菜	6 字	17 人	7 车	1 轮	43 凌	2 船	3 下	12 水	5 太
6 鞋	12 糕	4 的	11 没	9 椒	5 汤	7 眼	43 苦	4 不	2 过	23 有	3 上	5 田	13 洋	6 少	1 表	34 戴	5 鱼	12 树
7 大	1 子	19 帽	3 饼	2 得	5 丽	9 糖	12 岛	6 激	43 海	4 花	27 子	7 多	12 鸟	4 书	7 拿	13 果	9 带	2 走

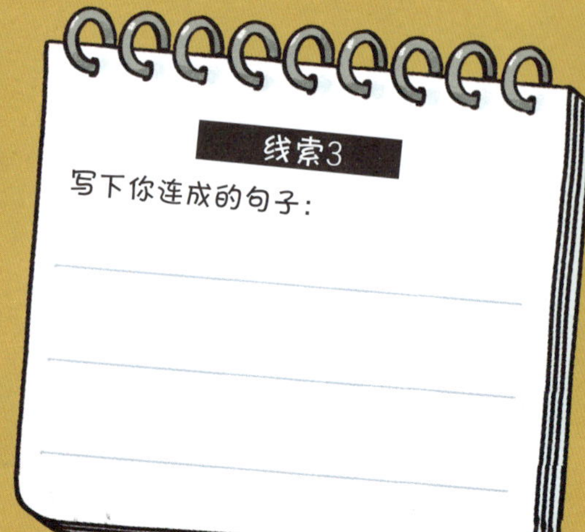

答案见第47页

巡游表演

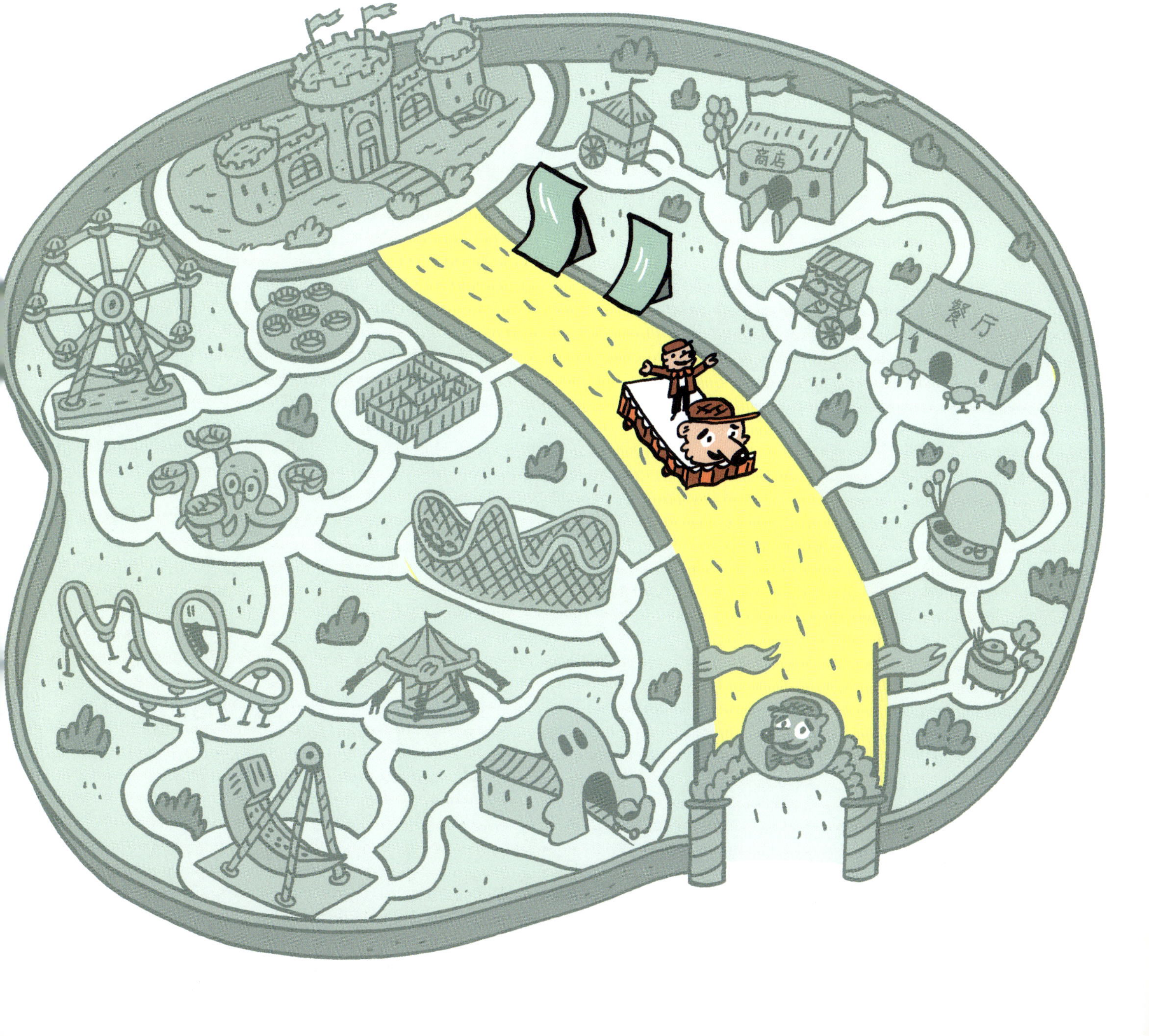

谜题24

时间过得真快，天色渐渐暗下来，但现有的线索还无法让福尔摩斯揪出幕后黑手……夜间巡游表演开始了，表演队伍中有一位鼓手频频向福尔摩斯示意，但音乐的声音太大，福尔摩斯听不清她在说什么。

把对话框里的乐器声（“嘟”和“嘟嘟”）画掉，就能明白鼓手说的话。

答案见
第47页

谜题25

福尔摩斯和华生知道离真相越来越近了，现在，他们需要睁大眼睛留意飘下来的彩纸……

根据华生在笔记本上记下的词语，画掉带有相同汉字的彩纸。把剩下 5 张彩纸上的字按从上到下的顺序填写在表演者说的话里，就能获得新的信息。

信息25

完整写下表演者说的话：

找出这句话的第三个字，把第42页对话框中的这个字画掉。

答案见第47页

谜题26

在地上的彩纸中，悠悠找到了一张加密的字条和一幅带箭头的示意图。

请按照示意图中箭头的走向，在字条的字上面画出相同的路径，并按箭头行进的顺序读出来，看看能获得什么信息。

员 园 乐 游 是
人 里 手 他 也
作 面 黑 识 认
工 的 后 幕 我
信息26
写下你发现的句子：
找出这句话的第十七个字，
把第42页对话框中的这个字画掉。

答案见
第47页

谜题27

福尔摩斯明白了，证人就在他们身边！这时，他以为看到了某个人，没想到却是侦探们在哈哈镜上的影子。不过，福尔摩斯在哈哈镜上发现了一条信息……

用一面镜子照向下图中的字，看看你能从镜子里发现什么信息。

幕后黑手是
我的同事，
他平时在游乐园里
为游客服务。
信息27
写下镜子里的句子：
找出这句话的倒数第三个字，
把第42页对话框中的这个字画掉。

答案见第47页

谜题28

华生现在终于明白证人为什么要这么谨慎了。这时，一个杂技演员向侦探们走来。难道他就是证人？

借助前衬页上的万能解码表，将对话框中的数字换成对应的拼音字母（例如，26 对应 Z），再加上声调，看看杂技演员说了什么。句子中的问号是被隐藏的信息，你将在下一页的谜题中得到答案。

26-8-5-14-7 18-5-14
8-21-9 26-1-9
8-21-1 3-8-5
24-21-14 25-15-21
? ?
10-9-1-14
14-9 13-5-14。
信息28
写下杂技演员说的话：
找出这句话的第八个字，
把第42页对话框中的这个字画掉。

答案见
第47页

谜题29

华生简直不敢相信自己的耳朵！离开前，杂技演员还给了侦探们几张照片……

按照小丑演员化装的顺序，将下面的照片排序，再把每张照片上的拼音字母按正确的顺序记下来，加上声调，看看能组成哪个词语。这个词语就是上一页对话框中缺失的两个字。

Q

N

J

A

I

I

信息29

写下你找到的词语：

找出这个词语的第一个字，把第42页对话框中的这个字画掉。

答案见第47页

谜题30

华生在刚才那些照片中发现了不寻常的东西，有人在照片背面写了几行字。很明显，这是证人留给侦探们的另一条信息……

每隔一个字就画掉后一个字，看看证人留下了什么线索。注意，第一个字不能画掉。

答案见
第47页

花车巡游的时间终于到了！福尔摩斯发现了一张有人物影子的照片，这一定就是和他们约好见面的证人。

观察花车上的演员和照片上的影子，帮福尔摩斯找到证人。

信息31

把证人帽子上的字写下来：

把第42页对话框中的这个字画掉。

答案见第47页

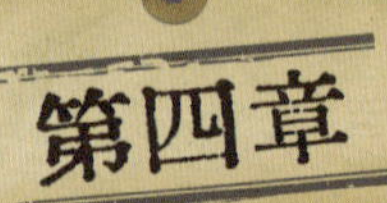

巡游表演

第4条线索

在游乐园进行了一轮地毯式搜查后，侦探小组终于找到了那个神秘的证人！他一定能为这个案件提供关键线索。

根据从谜题 24～31 中获得的信息，画掉对话框中的某些字，剩下的字能连成一句话，这就是案件的第 4 条线索。

他是长期工，会给游客发糖果。

糖

线索4

写下你找到的句子：

答案见第47页

谁关掉了摩天轮？

真是匪夷所思！幸亏消防员及时赶到，把困在摩天轮里的游客安全救出。
是时候公布制造这场恐慌的幕后黑手了，必须让他立刻把钥匙交还给控制室的工作人员，
明天早上摩天轮就要恢复运行。
悠悠把所有嫌疑人都召集过来。现在，轮到你来解开最后的谜团。
根据在前四章中找到的线索，你知道谁是真正的幕后黑手吗？

马歇尔 棉花糖售货员

凯文 游乐园的保安

西蒙 海盗船的维修工

大卫 摩天轮的收银员

莎拉 鬼屋里的骷髅扮演者

快把书倒过来放在镜子前，看看你有没有找对人！

干得漂亮，小侦探！没错，幕后黑手就是卖棉花糖的马歇尔！看着游客络绎不绝地拥向摩天轮，完全没有时间停下来买他的棉花糖，心里不平衡的他偷走了控制室的钥匙，关掉了摩天轮。

谜题1

收银员没有养狗（yǎng gǒu）。

谜题2

吉祥物看不到别人的脚。

谜题3

我们看见他了，他没有戴面具（miàn jù）。

谜题4

他独自一人。

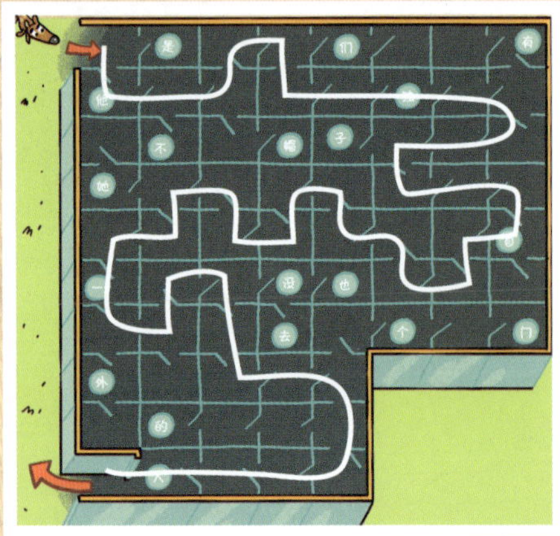

谜题5

米奇在吉祥物的衣服里几乎听不到声音。

谜题6

米奇是游乐园里最高的员工（mǐ qí shì yóu lè yuán lǐ zuì gāo de yuán gōng）。

谜题7

如果米奇打嗝了，那就说明他在说谎（tā zài shuō huǎng）。

第1条线索

我看见了一个男人。
根据这条线索可以在第43页中排除莎拉的嫌疑，因为她是女人。

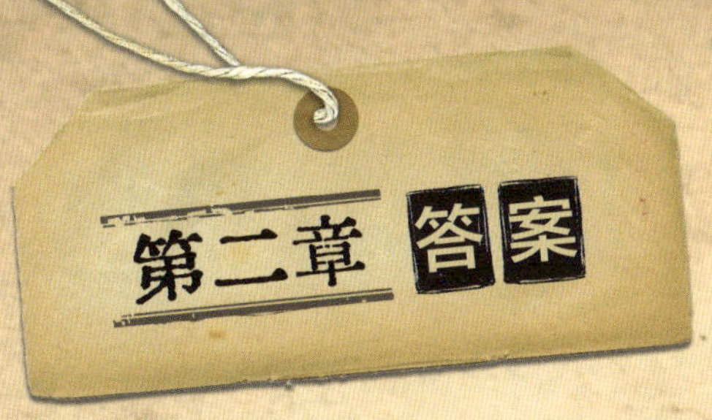

谜题8

你们可以去问问餐厅的副经理。

谜题9

问问戴红帽子的玩偶售货员。

谜题10

乐园之眼欢迎你。

谜题11

外面有个煎饼铺可以问问。

谜题12

poster。一张海报。

谜题13

我正忙着找墨镜（wǒ zhèng máng zhe zhǎo mò jìng）。

谜题14

person。人。

p	e	r	s	o	n

谜题15

那座城堡。

第2条线索

那个人戴一副眼镜。
根据这条线索可以在第43页中排除大卫的嫌疑，因为他不戴眼镜。

					15	那	座	城	堡				
		11	外	面	有	个	煎	饼	铺	可	以	问	问
					14	人							
	9	问	问	戴	红	帽	子	的	玩	偶	售	货	员
			12	一	张	海	报						
8	你	们	可	以	去	问	问	餐	厅	的	副	经	理
			10	乐	园	之	眼	欢	迎	你			
			13	我	正	忙	着	找	墨	镜			

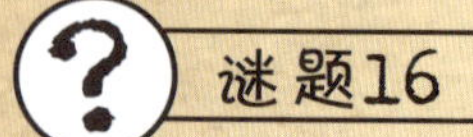

9，6，1。

6	9	4	3	1	2	5	8	7
3	7	8	6	9	5	4	1	2
5	2	1	4	7	8	9	6	3
4	6	7	5	8	3	1	2	9
1	5	9	2	6	7	3	4	8
8	3	2	9	4	1	6	7	5
2	8	6	1	5	9	7	3	4
9	1	3	7	2	4	8	5	6
7	4	5	8	3	6	2	9	1

谜题17

数字4所在的行出现了3艘船。

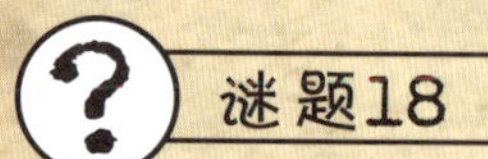

总共有5处不同。

谜题19

最顶层台阶上的数字是43。

谜题20

组成的英文单词是“thirteen”（数字13）。

谜题21

4，12。

谜题22

拿起长矛的顺序是：8，1，7，3，5，2，4，6。
第6支被拿起的长矛的序号是2。

谜题23

地上总共有7种不同形状的鞋印。

第3条线索

那个人没有戴帽子。
根据这条线索可以在第43页中排除西蒙的嫌疑，因为他戴着帽子。

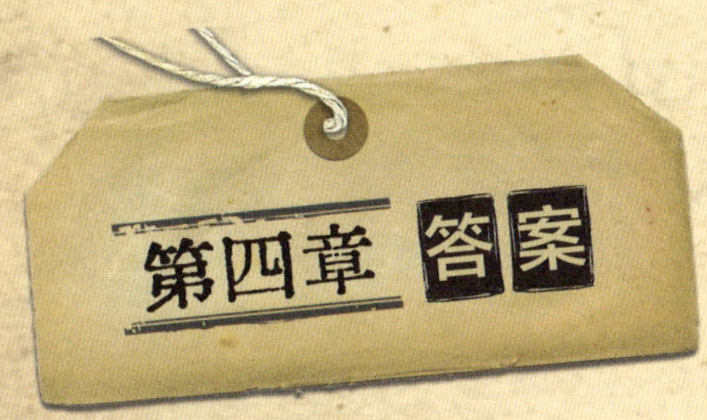

谜题24

证人发消息给我，说他今晚会参加表演。
这句话的第六个字是“给”。

谜题25

证人会在花车上。
这句话的第三个字是“会”。

谜题26

我认识幕后黑手，他也是游乐园里面的工作人员。
这句话的第十七个字是“工”。

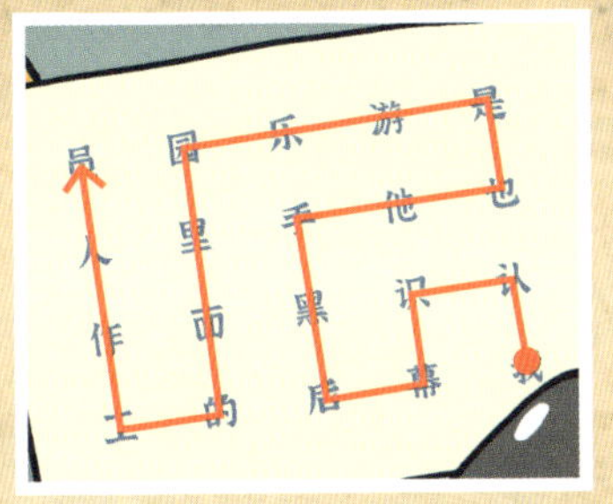

谜题27

幕后黑手是我的同事，他平时在游乐园里为游客服务。
这句话的倒数第三个字是“客”。

谜题28

证人会在花车巡游？？见你们（zhèng rén huì zài huā chē xún yóu ？？ jiàn nǐ men）。
这句话的第八个字是“游”。

谜题29

期间（qī jiān）。
这个词语的第一个字是“期”。

谜题30

摩天轮的钥匙果然在他的袜子里。
这句话的第七个字是“果”。

谜题31

证人帽子上的字是“糖”。

第4条线索

他是长发。
根据这条线索可以在第43页中排除凯文的嫌疑，因为他是短发。

版权登记号 图字 19-2022-193 号

图书在版编目（CIP）数据

摩天轮惊魂 /（法）桑德哈•勒布伦编 ;（法）洛伊克•梅黑绘 ; 邱秋卡译. -- 深圳 : 深圳出版社, 2025. 4. --（少年大侦探•福尔摩斯探案笔记）. -- ISBN 978-7-5507-4127-0

Ⅰ. G898.2

中国国家版本馆 CIP 数据核字第 2024X2Q279 号

摩天轮惊魂

MOTIANLUN JINGHUN

责任编辑　郐丛阳　吴一帆
责任校对　熊　星
责任技编　陈洁霞
装帧设计　米克凯伦

出版发行　深圳出版社
地　　址　深圳市彩田南路海天综合大厦（518033）
网　　址　www.htph.com.cn
订购电话　0755-83460239（邮购、团购）
排版制作　深圳市童研社文化科技有限公司
印　　刷　中华商务联合印刷（广东）有限公司
开　　本　889mm×1194mm　1/16
印　　张　3.5
字　　数　45 千
版　　次　2025 年 4 月第 1 版
印　　次　2025 年 4 月第 1 次
定　　价　39.80 元

少年大侦探·福尔摩斯探案笔记

全系列！

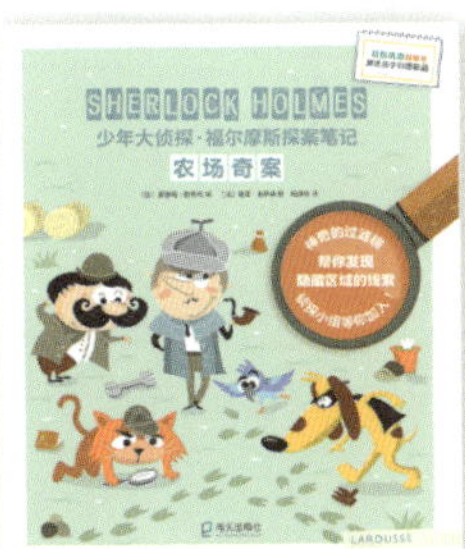
《农场奇案》

《城堡迷案》

《草原疑案》

5岁以上

观察力、专注力、识数、迷宫、拼图、找不同

7岁以上

拼音、组词、造句、算术、信息处理、线索分析、逻辑推理

《环球追捕》

《惊天迷案》

《十大案件》

《跨时空探案》

《奇妙调查》

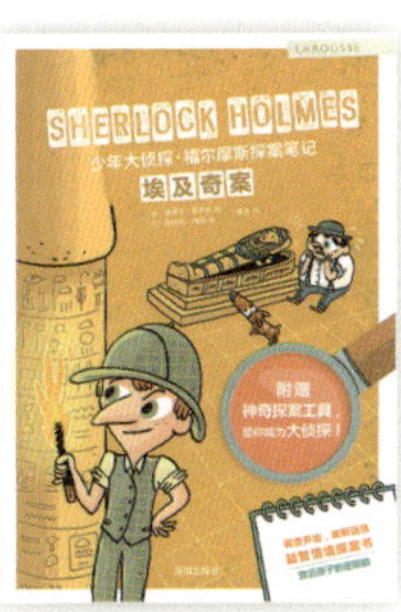
《埃及奇案》

《邮轮大劫案》

《博物馆大盗》

《摩天轮惊魂》

《追查凶手》

高阶挑战

侦探们的旅程还在继续，更多新书敬请期待……

你是不是成功破案了？
那么，是时候给你颁奖了！

最佳侦探奖状

表彰 ....

....

....

致以最诚挚的敬意！

福尔摩斯

Sherlock Holmes